HIMMEL ERDE FRANKEN LAND

8670 Hof (Saale)
Printed in Germany – Imprimé en Allemagne
ISBN 3-921615-40-2

Ernst Neukamp
Eugen Gomringer

HIMMEL ERDE FRANKEN LAND

1981

Oberfränkische Verlagsanstalt
und Druckerei GmbH

Ernst Neukamp wurde 1937 in Hof geboren.
Er arbeitet als Zeichner, Fotograf und Filmemacher (BR).
Er lebt in Oberammergau und Pilgramsreuth.

Eugen Gomringer wurde 1925 in Bolivien geboren.
Er studierte Nationalökonomie und Kunstgeschichte in Bern und Rom. Mit dem Erscheinen seines ersten Gedichtbandes 1953 leitete er die Konkrete Poesie ein. Neben Gedichtbänden publizierte er mehrere Monografien über Künstler. Seit 1967 ist er Kulturbeauftragter der Rosenthal AG in Selb, seit 1976 Professor für Ästhetik an der Kunstakademie Düsseldorf. Er ist Mitglied der Berliner Akademie der Künste.
Er wohnt in Wurlitz.

Es hätte eigentlich alles anders kommen sollen. Ich spürte in den letzten Jahren zunehmend ein Bedürfnis, irgendwie einmal eine Antwort auf Jean Paul zu finden. Als ich das unvorsichtigerweise laut äußerte, vermittelte mir der Verlag, dem wir nun dieses Buch verdanken, die Bekanntschaft mit dem Maler und Fotografen Ernst Neukamp. Und dann ging alles sehr rasch. In der ländlichen Sommerwohnung von Ernst Neukamp in Pilgramsreuth projizierten wir eines Abends einige hundert Diapositive auf ein kleines Stück Wand, durchaus in der Annahme, wir könnten gemeinsam die mir vorschwebende Antwort auf Jean Paul finden. Doch mit wachsendem Staunen entdeckte ich an jenem Abend eine neue Welt – nennen wir sie die Welt des Foto-Lyrikers Neukamp.
An die Stelle der phantastischen Wortwelt und der reichen Menschenwelt Jean Pauls traten zunehmend Himmel, Erde und Ecken unserer oberfränkischen Landschaft. Nicht daß hier das Alltagsgesicht der Menschen unbedingt ausgeklammert werden sollte. Doch die Macht der natürlichen Schönheit war einfach zu groß und zu einfach, als daß die angepaßte Welt dagegen hätte ins Gewicht fallen können. Das Land, in dem zu leben, noch immer einen tiefen Glücksfall bedeutet, trat als reine Erscheinung vors Auge. In der Übereinstimmung, daß auch das Land der Franken – wie einst das Land der Griechen – mit der Seele zu suchen und, wie man sieht, zu finden sei, kam es zu diesem Buch.

Und da war der Wunsch, dem Buch und den Bildern ein Wort mitzugeben. Ich bezweifle, ob es sein muß, aber vielleicht darf es sein. Es darf zum Beispiel eine Überschrift sein wie »Himmel – Erde – Frankenland«, eine Konstellation aus drei gewichtigen, schönen deutschen Wörtern. Das Wort »Himmel« besteht aus sechs Buchstaben, das Wort »Erde« aus vier Buchstaben, und »Frankenland« ist ein von diesem Buch inspirierter Name, der die geografische und ethnische Bestimmung hinzufügt. Zusammengenommen zählen wir einundzwanzig Buchstaben und umfassen auch damit ein Stück Welt, das Ernst Neukamp meint. Freiheit, wie das Kommen und Gehen der Wolken über dem Frankenland, bestand ferner im Zufall, mit dem den Bildern ein Wort beigegeben wurde. Da spielte einmal die Erinnerung an einen Vers mit, ein andermal sollte ein Fühlen mit einer kleinen Sachauskunft kompensiert werden. Es wurde am meisten daran gedacht, daß es ein Erinnerungsbuch werden sollte. Eine Erinnerung an etwas Unbeschadetes. Dafür danke ich auch den Autoren, den toten und den lebenden, die ich zitiert habe.

Eugen Gomringer, Wurlitz, im März 1981

Die Kösseine

Die Farben sind Thaten des Lichts, Thaten und Leiden.
In diesem Sinne können wir von denselben Aufschlüsse
über das Licht erwarten.

Die Kösseine

Farben und Licht stehen zwar untereinander in dem genausten Verhältniß, aber wir müssen uns beyde als der ganzen Natur angehörig denken: denn sie ist es ganz, die sich dadurch dem Sinne des Auges besonders offenbaren will.

Das Weißenstädter Becken mit Kösseine

Die Lust zum Wissen wird bey dem Menschen
zuerst dadurch angeregt,
daß er bedeutende Phänomene gewahr wird,
die seine Aufmerksamkeit
an sich ziehen.

Das Weißenstädter Becken mit Kösseine

Damit nun diese dauernd bleibe,
so muß sich eine innigere Theilnahme finden,
die uns nach und nach
mit den Gegenständen bekannter macht.

Die Kösseine

Die Kösseine

An einem Sommernachmittag ruhend einem Gebirgszug am Horizont oder einem Zweig folgen, der seinen Schatten auf den Ruhenden wirft – das heißt die Aura dieser Berge, dieses Zweiges atmen.

Das Egertal bei Franken

Entweder Heimat im rechten Licht besehen

Flur bei Haidt

oder heroische Flur für träumende Zentauren.
Nichts macht das Herz voller und kühner
als Auf- und Abgehen in der Nacht.

Flur bei Grub

Wie schön aus heiterer Ferne
Glänzt einem das herrliche Bild
der Landschaft, die ich gerne
Besuch in Witterung mild.

Regnitzgrund

Geh unter, schöne Sonne, sie achteten nur wenig dein, . .

Zwischen Martinlamitz und Pilgramsreuth

Ihr lieblichen Bilder im Tale,
Zum Beispiel Gärten und Baum, . . .

Lehstenbachgrund

Und dann der Steg, der schmale,
Der Bach zu sehen kaum, . .

Markgrafenbrücke über den Lehstenbach

Flur bei Grub

Noch träumen Wald und Wiesen. . .

Brücke bei Reicholdsgrün

Ein jedes spricht mir halbvergessne Dinge. . .

Regnitztal bei Weinzlitz

Das Dunkel stieg,
die Schatten drangen ein –
Wo weilst du, weilst du denn,
mein milder Schein?

Regnitztal bei Kautendorf

Es graut vom Morgenreif
In Dämmerung das Feld,
Da schon ein blasser Streif
Den fernen Ost erhellt;

Zwischen Hohendorf und Schollenreuth

Die grünen Bäume, der blaue Himmel, die frische Luft, alles drang mit neuem, stärkeren Eindruck auf meine Sinne ein, zumal da, als wir hinunterstiegen, ein kalter Morgennebel die ganze Gegend bedeckt hatte.

Wälder bei Silberbach

Vernehm ich doch die wunderbarsten Stimmen,
Vom lauen Wind wollüstig hingeschleift,
Indes, mit ungewissem Licht gestreift,
Der Himmel selber scheinet hinzuschwimmen.

Regnitzgrund

Dazwischen hört man weiche Töne gehen. . .

Flur bei Grub

Flur bei Grub

Kaum möchte ein Landstrich in Deutschland mehr von den Drangsalen des Dreißigjährigen Krieges zu leiden gehabt haben, als die Täler des Fichtelgebirges. Die bunten Horden der Kriegsvölker wälzten sich unaufhörlich in allen Richtungen durch dieselben, Schrecken und Entsetzen verbreitend, plündernd oder schier unerschwingliche Kontributionen und Requisitionen mit grausamer Gier erpressend, verstümmelte Leichname friedlicher Bürger, rauchende Aschenhaufen, verwüstete Fluren zurücklassend.

Landschaft bei Sparneck

Die Farben zum Beispiel besitzen unter sich eine höchst merkwürdige Verwandtschaftsordnung, wie wir sie bei den Komplementärfarben kennen, die nichts mit räumlichen Beziehungen zu tun haben. Es müssen andere Qualitäten hinzukommen, die raumbildend wirken.

Weißenstädter Becken

Der Raum ist nichts anderes als nur die Form aller Erscheinungen äußerer Sinne, dies ist die subjektive Bedingung der Sinnlichkeit, unter der allein uns äußere Anschauung möglich ist.

Waldhorizonte zwischen Fichtelgebirge und Frankenwald

Dies wißt ihr, daß ihr seid in einer Zeit geboren
Und daß ihr werdet auch in einer Zeit verloren.
Was aber war die Zeit, die euch in sich gebracht?

Zwischen Kösseine und Waldstein

Wer Landschaft sieht, Landschaft wahr sieht, wahre Landschaft sieht:
der sieht die wahre Verlassenheit des Menschen.

Landschaft bei Sparneck

Flur bei Lauterbach

Man kann sich Dinge vorstellen,
die keine andere Bestimmung haben als die,
daß sie da sind.

Schneezaun bei Almbranz

Eugenie! so gehts, so schwindet, was wir schauen.

Flur bei Lauterbach

Reinheit und Stille ist der Welt Richtmaß

Flur bei Hohendorf

Vielleicht werden die Fichtelgebirgler heute manchmal wegen ihrer herben, aber schönen Heimat ein bißchen beneidet, vielleicht sehen manche daneben auch noch das Geld, das durch den Fremdenverkehr jetzt hereinfließt. Aber sie sollten dann auch bedenken, daß die Vorfahren über Jahrhunderte hinweg kein einfaches Los zu tragen hatten, und so gilt auch hier die alte Bauernregel, daß die Dinge nicht ständig auf einer Seite liegen.

Strohhaufen bei Gumpertsreuth

Acker bei Leupoldsgrün

Die Gelassenheit zu den Dingen und die Offenheit für das Geheimnis gehören zusammen. Sie gewähren uns die Möglichkeit, uns auf eine ganz andere Weise in der Welt aufzuhalten. Sie versprechen uns einen neuen Grund und Boden, auf dem wir innerhalb der technischen Welt, und ungefährdet durch sie, stehen und bestehen können.

Acker bei Joditz

Allein – die Gelassenheit zu den Dingen und die Offenheit für das Geheimnis fallen uns niemals von selber zu. Sie sind nichts Zufälliges. Beide gedeihen nur aus einem unablässigen herzhaften Denken.

Acker bei Gumpertsreuth

Der Mensch muß Erde unter seinen Füßen haben,
sonst verdorrt ihm das Herz.

Acker bei Gumpertsreuth

Lesesteine bei Isaar

Plötzlich vernahm er ein Geräusch in der Nähe.

Wiese bei Kirchgattendorf

Süße Ruh, süßer Taumel im Gras,
Von des Krautes Aroma umhaucht, . . .

Felder bei Bärlas

Der Unterschied also zwischen den Gesetzen einer Natur, welcher der Wille unterworfen ist, und einer Natur, die einem Willen unterworfen ist, beruht darauf, daß bei jener die Objekte Ursachen der Vorstellungen sein müssen, die den Willen bestimmen, bei dieser aber der Wille Ursache von den Objekten sein soll, so daß die Kausalität desselben ihren Bestimmungsgrund lediglich in reinem Vernunftvermögen liegen hat, welches deshalb auch eine reine praktische Vernunft genannt werden kann.

Waldhorizonte bei Feilitzsch

Die Waldungen haben in diesen Gegenden einen besonderen Charakter. Sie bestehen aus lauter kleinen oder größeren Gruppen und sehen, da sie meist Nadelholz haben, schwarz und finster aus und sind hin und wieder über die Felder verstreut.

Allee bei Zedtwitz

Mach mich schön, spricht Sommertag.

Acker bei Döberlitz

Herr: es ist Zeit.
Der Sommer war sehr groß.
Leg deinen Schatten auf die Sonnenuhren,
Und auf den Fluren laß die Winde los.

Strohballen bei Großschloppen

sola terrae seges imperatur. unde annum quoque ipsum non in totidem digerunt species; hiems et ver et aestas intellectum ac vocabula habent, autumni perinde nomen ac bona ignorantur.

Strohpuppen bei Steinselb

Nur Getreide wird dem Boden abgefordert. Daher unterscheiden sie auch nicht so viele Jahreszeiten wie wir. Winter, Frühling und Sommer sind ihnen bekannte Begriffe; des Herbstes Name dagegen ist ihnen ebensowenig bekannt wie sein Segen.

Rübenmiete bei Voitsumra

Es gibt nichts,
über das sich nicht interessante Beobachtungen
anstellen ließen.

Landschaft bei Gumpertsreuth

Es sind immer nur unsere Augen, unsere Vorstellungsarten; die Natur weiß ganz allein, was sie will, was sie gewollt hat.

Fahrspur bei Seulbitz

Straße durch den Rehauer Forst

Die Tollheit oder der Wahn,
mit dem ein Mensch sein ganzes Leben
auf einen Punkt zurennt
und dabei ununterbrochen »nur dies« begehrt, . . .

Haus in Nentschau

Alte Bauernhäuser sind die Summe jahrhundertelanger Erfahrungen. Sie unterscheiden sich von Landschaft zu Landschaft, wie sich das Klima unterscheidet. Und das Baumaterial.

Haus in Nentschau

Denn Bauen war schon immer teuer, und Transporte waren früher mühsam und kostspielig. So nahm man das Baumaterial aus der nächsten Umgebung. Bruchstein oder Kiesel aus dem Bach, Ziegel, wenn es Ton gab, Holz, Mörtel, Balken und Bretter, Stroh oder Schindeln oder Bruchsteinplatten für das Dach. Dazu ein wenig Fensterglas und geschmiedetes Eisen für die Beschläge.

Haus in Nentschau

Fünf oder sechs Baumaterialien finden sich an alten Häusern, und den rechten Umgang mit diesen Materialien, ihr Verhalten, ihre Qualitäten, die Möglichkeiten, sie miteinander zu kombinieren, kannte man durch Generationen hindurch.

Haus in Nentschau

Am Anfang war das Dach. Frühe Bauernhäuser, wie sie noch Dürer gezeichnet hat, reichen mit ihren Strohdächern fast bis zum Boden herab. Häuser wie Zelte. Das Dach war der wichtigste Schutz für Ernte und Saatgut, für Mensch und Tier und mußte Schnee und Nässe weit fernhalten von den mühsam aufgerichteten Wänden des Hauses.

Haus in Nentschau

Gehöft in Grub

Er war sehr höflich,
und war es gleich anfangs, ehe er uns kannte,
wie denn überhaupt der Charakter der Leute
in der hiesigen Gegend vortrefflich ist.

Schafpferch bei Joditz

In den meisten Fällen würde ein Stangenzaun genügen.
Der markiert die Grenze ausreichend.

Obstgarten in Regnitzlosau

Oder ungesäumte Bretter. Wenn er dichter sein muß, sollten Sie einen Lattenzaun nehmen. Mit senkrechten Latten. Jägerzaun wirkt aufwendig. Wie ein gehäkeltes Sofakissen. Am haltbarsten und natürlichsten ist der senkrechte Hanichl-Zaun. Aus jungen Fichten- und Tannenstämmchen, entrindet und halbiert.

Staketenzaun bei Kirchenlamitz

Nur von dem scheinbar ganz am Tag Liegenden,
mit Händen zu Greifenden
kann die hohe Wirkung des Geheimnisses ausgehn.

Haus mit Steinkreuz in Kautendorf

Freunde, der Boden ist arm,
wir müssen reichlich Samen ausstreuen,
daß uns doch nur mäßige Ernten gedeihn.

Steinkreuz in Wurlitz

Wo das Kreuz erscheint, sind Gärung und Widerstand unvermeidlich.

Steinkreuze bei Förbau

Das Kreuz ist immer ein Zeichen des Widerspruchs und ein Prinzip der Auslese unter den Menschen gewesen.

Steinkreuz bei Tauperlitz

Steinkreuz bei Biengarten

Allzuoft wird uns das Kreuz zur Anbetung weniger als ein höchstes Ziel, das wir erreichen, wenn wir über uns selbst hinauswachsen, hingestellt, denn als Sinnbild der Traurigkeit, der Einschränkung und der Unterdrückung.

Steinkreuz bei Reichenbach

Es ist vollkommen richtig,
daß das Kreuz Flucht aus der wahrnehmbaren Welt,
in gewissem Sinne sogar
Bruch mit der Welt bedeutet.

Steinkreuz bei Kirchenlamitz

Das Kreuz ist daher nicht etwas Unmenschliches,
sondern etwas Übermenschliches.

Felsenkeller bei Voitsumra

Felsenkeller bei Voitsumra

Heimat auch dies:
Natürlich-Eingebettetes, Geheimnisvoll-Vertrautes.
Gras, Kartoffel-Duft, Wind, Jahreszeiten.
Das Auge hält Rast im Vergänglichen.

Felsenkeller bei Weißenstadt

Felsenkeller bei Weißenstadt

Eines der einsamen Tore der Welt.

Felsenkeller bei Voitsumra

Holzlege bei Kirchbrünnlein

Holz lautet ein alter Name für Wald.

Schafe bei Fichtenhammer

Im Frühjahr, wenn die Mutterschafe gelammt haben, solltest du sie auf das beste Gras, was du hast, führen, vorzugsweise auf »sauberes« Gras. Das heißt: Gras, auf dem einige Zeit lang keine Schafe geweidet haben. Es ist zu dieser Jahreszeit sehr nahrhaft, und die Lämmer sollten eigentlich schnell wachsen und gut gedeihen.

Hühnerhof in Silberbach

Es ist immer günstig, die Hennen zusammen mit einem Hahn zu halten. Sicher bekommst du auch ohne Hahn die gleiche Menge Eier, aber sie werden nicht befruchtet. Außerdem sind die Hennen weniger gefährdet, denn ein Hahn hält seinen Harem draußen zusammen.

Brunnenrelief in Fohrenreuth

Jedes Zeichen, das verwendet wird, ist selbst ein materielles Etwas. Es gibt kein nur gedachtes Zeichen, das unabhängig von einer Realisation ein Zeichen sein kann; denn wer etwas denkt, denkt in Zeichen, die er gelernt hat und die er zum Ausdruck bringen kann.

Brunnenrelief in Faßmannsreuth

In allen Wissenschaften, in der Kunst, im täglichen Leben mit all seinen verschiedenartigen Bereichen, überall werden Zeichen gebildet, gebraucht, immer wieder neu gebildet, verändert und verbraucht. Durch Zeichen kann man alles ausdrücken, darstellen und anderen mitteilen, was einem erforderlich erscheint, und dies können sein: Dinge, Eigenschaften von Dingen, Relationen, Ereignisse, Erkenntnisse, Gefühle, Prozesse, Wünsche, Träume usw.

Algengebilde

Die Naturschönheit ist nur schön für anderes, das heißt für uns, für das die Schönheit auffassende Bewußtsein. Es fragt sich deshalb, in welcher Weise und wodurch uns denn die Lebendigkeit in ihrem unmittelbaren Dasein als schön erscheint. Die natürliche Lebendigkeit als schöne.

Schieferhalde bei Sachsenvorwerk

In der Tat bedeutet der Ausdruck »Unordnung«, wie er von den Physikern in diesem Zusammenhang gebraucht wird, nichts anderes, als daß die einzelnen Elemente, mit denen die statistische Betrachtung operiert, sich vollständig unabhängig voneinander verhalten.

Schieferdach der abgerissenen Staudenmühle

Der Mensch erlegt allen seinen Tätigkeiten und Schöpfungen eine Ordnung auf, weil diese technisch und intellektuell unentbehrlich ist, sowohl in der Sozialgemeinschaft wie im eigenen Haushalt.

Schieferdächer in Rudolphstein

Landschaft unter der Hohen Mätze

Dabei hatte die Gegend etwas Einsames,
düster Melancholisches;
die so nahe liegenden Fichtelberge gaben der Gegend ein ernsthaftes,
selbst majestätisches Ansehen.

Der Bärenfang am Waldstein

Das gut acht Meter lange, nur etwas über drei Meter breite und bis zum First rund fünfeinhalb Meter hohe rechteckige, fensterlose Gebäude hat dicke Längsmauern aus klobigen Granitquadern, die über bretterverschalten Giebeln ein hölzernes Satteldach tragen. An den unten offenen Schmalseiten prasselten in Nuten laufende eiserne Falltüren herunter, sobald sich der Bär an dem innen ausgelegten Köder zu schaffen machte.

Schmierofenplatte bei Leupoldshammer

Da gibt es keine Form ohne Sinn, besonders keine runde.

Schüsselstein bei Sommerhau

Allee bei Wölbattendorf

Wenn aber die Luft sich bahnt,
und ihnen machet wacker scharfwehend die Augen der Nordost,
fliegen sie auf.

Granitkugel bei Kleinschloppen

Steine sind stumme Lehrer, sie machen den Beobachter stumm, und das Beste, was man von ihnen lernt, ist nicht mitzuteilen.

Grenzstein bei Längenau

Bei den ältesten Völkern war das Kreuz astronomisches Zeichen. Es bedeutet die Sonne oder die Himmelsrichtungen. Nichts lag näher als die Verwendung dieser einfachsten Figur zu symbolischen Ornamenten. Das lateinische Kreuz (crux immissa, von immittere, ineinanderfügen).

Grenzstein bei Göringsreuth

Das gleichschenklige oder griechische Kreuz (crux quadrata) der christlichen Zeit ist (ohne oder mit Kreiseinfassung) dem Radkreuz gleichgestellt.

Felsengruppe am Haberstein

Nun kamen wir in die rauhe Wildnis des Gebirges, die ich so begierig war zu sehen. Wenig betretene Fußsteige führten uns durch dieses Buschwerk etwas steil hinauf. Über uns türmten sich mitten unter den Baumstämmen allgewaltige Granitmassen auf, die halb nackt, halb bemoost wie riesenmäßige Denkmäler, wer weiß wie lange schon, der Zeit trotzten.

Die Drei Brüder am Rudolfstein

Je höher wir kamen, je wilder ward die Gegend; alte Bäume waren schon ganz verwest, alles außerordentlich finster und melancholisch. Nach und nach fanden wir mitten im Walde große Felsenwände stehen, die immer größer wurden, je höher wir kamen, weit schöner als die in Sanspareil. Manche davon hatten fast ein fürchterliches Ansehen.

Blockmeer auf der Kösseine

Moorboden in der Häusellohe

Wer reist, sollte Botaniker sein,
denn Pflanzen sind die größte Zierde jeder Landschaft.

Granitverwitterung am Waldstein

Vom wahren Reichtum:
Gestalten in Nebel und Licht,
Strukturen aus Rundem und Spitzem,
Farben und Schatten, Räume, Perspektiven, Ausblicke,
Symbole, Zeichen, Eindrücke, Gefühle.

Granitbruch am Epprechtstein

Wünsche nicht das glänzende Gleißen des Juwels
sondern die rohe Rauheit des Steins.

Fichtenkultur am Waldstein

Aus der Naturbeobachtung und aus den Ergebnissen einer Fülle wissenschaftlicher Untersuchungen hat sich immer deutlicher gezeigt, daß der Wald mehr ist als nur eine Anhäufung von Bäumen. Der Widerspruch zwischen den Aufgaben, Holz zu erzeugen und Erholungsfunktionen nachhaltig zu erfüllen, ist weit geringer als man zunächst annehmen möchte.

Buchen am Buchberg

Die Buchenfamilie im weiteren Sinne ist in jeder Hinsicht
die königliche Familie der Laubgehölze:
Der König ist die Eiche, die Buche die Königin.

Granitfelsen am Waldstein

Die zu hohem Aufschwung gelangte, vielen das tägliche Brot schaffende Granitindustrie des Fichtelgebirges ist bekannt. Allenthalben tönen Hammer und Meißel der Steinmetzen im Wald, und es ist unglaublich, welche Massen bearbeiteter Granitsteine zu den verschiedenartigsten Zwecken seit langer Zeit von diesen Bergen in die Ebene hinausgeschafft wurden. Schon die »Ausf. Beschr.« 1716 berichtet, daß die »Felßen-Steine von den Steinmetzen gearbeitet und weit und breit verführet werden.«

Der Teufelstisch am Waldstein

Die Sage läßt am Teufelstisch die von einem Feilenhauer aus Weißdorf auf den Waldstein gebannten Geister mit eisernen Karten spielen. Die Vertiefungen in der Platte rühren von den Eindrücken letzterer her.

Bergfichten auf dem Waldstein

Ein Fichtenbaum steht einsam
Im Norden auf kahler Höh'.
Ihn schläfert; mit weißer Decke
Umhüllen ihn Eis und Schnee.

Bergfichten auf dem Waldstein

Er träumt von einer Palme,
Die, fern im Morgenland,
Einsam und schweigend trauert
Auf brennender Felsenwand.

Kirchturm von Regnitzlosau

Es fing mit einem eigenartigen und seltsamen Weiterschwingen an, das jeden Einklang steigerte – mit einem unbestimmten Leuchten, das jede Schönheit umstrahlte. . . Empfindungen, Gefühle, Gedanken, alle Elemente des seelischen Lebens wurden eines nach dem andern ergriffen.

Kirchturm von Konradsreuth

Dann begannen Ton, Duft und Licht,
zuerst verschwommen, bestimmter zu werden.

Kirchturm von Kautendorf

Kirchturm von Regnitzlosau

Niemand kann die Welt verwunden, nur die Schale wird geritzt.

Landschaft bei Trogen

Wie feierlich die Gegend schweigt.

Kirchturm von Kirchgattendorf

Schließlich wird ein bedeutendes Bauwerk, etwa eine Kirche, sich seiner Umgebung nicht nur harmonisch einfügen, sondern es wird dem Fleck der Erde, auf dem es steht, und der zuvor stumm dalag, die Sprache geben, nicht mit heftigem Gestikulieren und aufdringlichem Geschrei – sondern mit klaren, einfachen und starken Worten.

Kirchturm von Sparneck

dein anfang – mein blühen,
dein anfang – mein wort,
deine freude – meine antwort,
deine antwort – meine freude.

Kirchturm von Leupoldsgrün

deine freude – mein haus,
deine antwort – mein ziel,
dein lied – mein jahr,
dein haus – mein ziel.

Kirchturm von Weißenstadt

Draußen gehn Helden und Knechte
klirrend die schreckliche Bahn,
Augen der heimlichen Mächte
rühren mich Schlafenden an.

Gewitterentwicklung über dem Schneeberg

Gewitter über dem Schneeberg

Niemand kam über das Feld, nur Regengewölk, Wind.
Niemand. Regengewölk, Wind.

Gewitter über dem Dreiländereck

Die Töchter des Himmels, die weitschweifenden Wolken,
sind von dem übelsten Humor und haben nichts von der lieblichen Beredsamkeit,
die ihnen Sokrates zuschreibt.

Warmfront über dem Vogtland

Das Antlitz der Natur ist der Mensch.

Kaltfrontdurchzug über dem Vogtland

Unter einer Kaltfront versteht man »in der Meteorologie die Schnittlinie der geneigten Trennfläche zweier verschieden dichter Luftmassen am Erdboden, bei der die wärmere Luftmasse von der kälteren verdrängt wird«. Der Durchgang einer Kaltfront von labilem Typ ist mit Schauern oder Gewittern aus mächtigen Quellwolken, stark böigem Wind und plötzlichen Temperatur- und Luftdruckänderungen verbunden.

Tiefdrucklage mit Zwischenaufheiterung (Frankenwald)

Bey einer jeden Erscheinung der Natur, besonders aber bey einer bedeutenden, auffallenden, muß man nicht stehen bleiben, man muß sich nicht an sie heften, nicht an ihr kleben, sie nicht isoliert betrachten; sondern in der ganzen Natur umhersehen, wo sich etwas Aehnliches, etwas Verwandtes zeigt: denn nur durch Zusammenstellen des Verwandten entsteht nach und nach eine Totalität, die sich selbst ausspricht und keiner weitern Erklärung bedarf.

Tiefdrucklage mit Zwischenaufheiterung (Fichtelgebirge)

Die Wolken, eine dem Menschen von Jugend auf so merkwürdige Lufterscheinung, ist man in dem platten Lande doch nur als etwas Fremdes, Überirdisches anzusehen gewohnt. Man betrachtet sie nur als Gäste, als Streichvögel, die, unter einem andern Himmel geboren, von dieser oder jener Gegend bei uns augenblicklich vorbeigezogen kommen; als prächtige Teppiche, womit die Götter ihre Herrlichkeit vor unsern Augen verschließen.

Sommernachmittag im Fichtelgebirge

Es gibt eine Zeit der Sehnsucht, wo ihr Gegenstand noch keinen Namen trägt und sie nur sich selber zu nennen vermag. Aber noch später hat weniger der Mondschein, dessen Silberseen das Herz nur sanft in sich zerlassen, und so aufgelöst ins Unendliche treiben und führen, als auf einer weiten Gegend der Nachmittagschein der Sonne diese Macht einer peinlich sich ausdehnenden Sehnsucht behauptet; und in den Werken Pauls ist sie einige Male geschildert und mitgeteilt.

Herbstabend im Frankenwald

Sommerliche Hochdrucklage

Herbstliche Warmfrontlage

Wer lange Arme hat, reicht an den Himmel.

Gestörte Hochdrucklage im Vogtland

Aber der Tag ist verletzt. Man weiß nicht wodurch.

Gestörte Hochdrucklage im Fichtelgebirge

So wie wir höher kamen, sahen wir zuweilen durch die Bäume die Schönheit einer fast unermeßlichen Landschaft, die dann im Augenblick wieder unseren Augen entzogen wurden.

Die Saale bei Seulbitz

Dunkelblau ist – wie jede der vier Grundfarben – die farbliche Repräsentation eines biologischen Grundbedürfnisses: physiologisch die Ruhe, psychologisch die Befriedigung. Wer sich in diesem ausgeglichenen, spannungslos-harmonischen Zustand befindet, fühlt sich eingefügt, verbunden und geborgen.

Kartoffelfeuer bei Sparneck

Winterzeichnung auf der Eger

Ophelias Geist, mit Mohn bestreut,
Geht zu den Nixen und Fischen.
Im Wasser treiben Kranz und Kleid,
Salbei und Wermut, Tod und Zeit
In grenzenlosem Vermischen.

Herbstzeichnung der Plauener Allee bei Haidt

Das zerbrechliche Gesicht von Tagen,
in denen Laub fällt.
Vorsichtig beugt man sich über sie.

Sonnenuntergang am Wartturm bei Hof

Und dennoch sagt der viel, der »Abend« sagt, . .

Mondaufgang bei Weinzlitz

Mir war, als müsse etwas Rechnung geben,
Als stehe zagend ein verlornes Leben,
Als stehe ein verkümmert Herz allein,
Einsam mit seiner Schuld und seiner Pein.

Sommerabend im Fichtelgebirge

Ein Arm weist in die Luft. Da verfärbt sie sich zur Wolke.

Sommernacht über der Stadt Hof

Alles Schöne ist ein selbsterleuchtetes, vollendetes Individuum.

Christine aus Kirchgattendorf

Isolde aus Weißenstadt

Die Bilder dieses Buches
sind der Christine und Isolde
und allen Kindern,
die in diesem Land aufwachsen, gewidmet.

Die Autoren der Zitate

10	Johann Wolfgang von Goethe	Zur Farbenlehre
11	Johann Wolfgang von Goethe	Zur Farbenlehre
12	Johann Wolfgang von Goethe	Zur Farbenlehre
13	Johann Wolfgang von Goethe	Zur Farbenlehre
15	Walter Benjamin	Das Kunstwerk im Zeitalter seiner technischen Reproduzierbarkeit
16	Eugen Gomringer	
17	Eugen Gomringer	
18	Friedrich Hölderlin	Der Spaziergang
19	Friedrich Hölderlin	Geh unter, schöne Sonne
20	Friedrich Hölderlin	Der Spaziergang
21	Friedrich Hölderlin	Der Spaziergang
23	Eduard Mörike	Septembermorgen
24	Eduard Mörike	Besuch in Urach
25	Annette von Droste-Hülshoff	Mondesaufgang
26	Eduard Mörike	Früh im Wagen
27	Ludwig Tieck	Die Pfingstreise von 1793 durch die Fränkische Schweiz, den Frankenwald und das Fichtelgebirge
28	Eduard Mörike	Gesang zu zweien in der Nacht
29	Eduard Mörike	Gesang zu zweien in der Nacht
31	Ludwig Zapf	Der Sagenkreis des Fichtelgebirges
32	Jakob von Uexküll	Theoretische Biologie
33	Immanuel Kant	zitiert von Uexküll
34	Paul Fleming	Gedanken über der Zeit

35	Gerhart Hauptmann	
37	Viktor von Weizsäcker	Anonyma
38	Andreas Gryphius	An Eugenien
39	Laotse	Vom Sinn und Leben, verdeutscht von Richard Wilhelm
40	Erwin Schinhammer	Der Sagenkreis des Fichtelgebirges von Ludwig Zapf
42	Martin Heidegger	Gelassenheit
43	Martin Heidegger	Gelassenheit
44	Gertrud von Le Fort	
46	Eugen Gomringer	
47	Annette von Droste-Hülshoff	Im Grase
48	Immanuel Kant	Kritik der Praktischen Vernunft
49	Ludwig Tieck	Die Pfingstreise von 1793 durch die Fränkische Schweiz, den Frankenwald und das Fichtelgebirge
50	Wilhelm Lehmann	Testament des Sommers
51	Rainer Maria Rilke	Herbsttag
52	Tacitus	Germania
53	Tacitus	Germania
54	Johann Wolfgang von Goethe	an J. Ch. Lobe, 1820
55	Johann Wolfgang von Goethe	Maximen und Reflexionen
57	Viktor von Weizsäcker	Anonyma
58	Dieter Wieland	Bauen und Bewahren auf dem Lande
59	Dieter Wieland	Bauen und Bewahren auf dem Lande

60	Dieter Wieland	Bauen und Bewahren auf dem Lande
61	Dieter Wieland	Bauen und Bewahren auf dem Lande
63	Ludwig Tieck	Die Pfingstreise von 1973 durch die Fränkische Schweiz, den Frankenwald und das Fichtelgebirge
64	Dieter Wieland	Bauen und Bewahren auf dem Lande
65	Dieter Wieland	Bauen und Bewahren auf dem Lande
66	Hugo von Hofmannsthal	Aufzeichnungen, Buch der Freunde
67	Novalis	
68	Teilhard de Chardin	Der göttliche Bereich
69	Teilhard de Chardin	Der göttliche Bereich
71	Teilhard de Chardin	Der göttliche Bereich
72	Teilhard de Chardin	Der göttliche Bereich
73	Teilhard de Chardin	Der göttliche Bereich
75	Eugen Gomringer	
77	Eugen Gomringer	
79	Martin Heidegger	Holzwege
80	John Seymour	Leben auf dem Lande
81	John seymour	Leben auf dem Lande
82	Elisabeth Walther	Allgemeine Zeichenlehre
83	Elisabeth Walther	Allgemeine Zeichenlehre
84	G. W. F. Hegel	Vorlesungen über die Ästhetik
85	Rudolf Arnheim	Entropie und Kunst
86	Rudolf Arnheim	Entropie und Kunst
88	Ludwig Tieck	Die Pfingstreise von 1793 durch die Fränkische Schweiz, den Frankenwald und das Fichtelgebirge

89	Karl Dietel	aus: Der Sagenkreis des Fichtelgebirges von Ludwig Zapf
90	Eugen Gomringer	
92	Friedrich Hölderlin	
93	Johann Wolfgang von Goethe	Maximen und Reflexionen
94	Dorothea Forster	Die Welt der Symbole
95	Dorothea Forster	Die Welt der Symbole
96	Ludwig Tieck	Die Pfingstreise von 1793 durch die Fränkische Schweiz, den Frankenwald und das Fichtelgebirge
97	Ludwig Tieck	Die Pfingstreise von 1793 durch die Fränkische Schweiz, den Frankenwald und das Fichtelgebirge
99	Charles Darwin	
100	Eugen Gomringer	
101	Laotse	Vom Sinn und Leben, verdeutscht von Richard Wilhelm
102	Hugh Johnson	Das große Buch der Bäume
103	Hugh Johnson	Das große Buch der Bäume
104	Ludwig Zapf	Der Sagenkreis des Fichtelgebirges
105	Ludwig Zapf	Der Sagenkreis des Fichtelgebirges
106	Heinrich Heine	
107	Heinrich Heine	
108	Teilhard de Chardin	Der göttliche Bereich
109	Teilhard de Chardin	Der göttliche Bereich
111	Werner Bergengruen	Die heile Welt
112	Nikolaus Lehnau	Winternacht

113	Otto Bartning	Kirchbau, aus: Glaube und Form
114	Eugen Gomringer	
115	Eugen Gomringer	
116	Josef Weinheber	Zeitloses Lied
118	Rainer Brambach	
119	Johann Wolfgang von Goethe	an Charlotte v. Stein, 7. 3. 1781
120	Georg Kaiser	
121	Meyers Enzyklopädisches Lexikon	
122	Johann Wolfgang von Goethe	Zur Farbenlehre
123	Johann Wolfgang von Goethe	Briefe aus der Schweiz 1779
124	Jean Paul	Selbsterlebnisbeschreibung
127	Karl Krolow	Eine Landschaft für mich
128	Walter Helmut Fritz	Früh im Jahr
129	Ludwig Tieck	Die Pfingstreise von 1793 durch die Fränkische Schweiz, den Frankenwald und das Fichtelgebirge
130	Max Lüscher	Der Lüscher Test
132	Hans Egon Holthusen	Ballade nach Shakespeare
133	Karl Krolow	Eine Landschaft für mich
134	Hugo von Hofmannsthal	Ballade des äußeren Lebens
135	Annette von Droste-Hülshoff	Mondesaufgang
136	Karl Krolow	Vor dem Regen
137	Novalis	Blütenstaub
139	Ernst Neukamp	